BEI GRIN MACHT SICH IHR WISSEN BEZAHLT

- Wir veröffentlichen Ihre Hausarbeit, Bachelor- und Masterarbeit

- Ihr eigenes eBook und Buch - weltweit in allen wichtigen Shops

- Verdienen Sie an jedem Verkauf

Jetzt bei www.GRIN.com hochladen und kostenlos publizieren

GRIN

Mediengeschichtlicher Exkurs in das Forschungsgebiet der Künstlichen Intelligenz. Können Maschinen denken?

Bibliografische Information der Deutschen Nationalbibliothek:

Die Deutsche Nationalbibliothek verzeichnet diese Publikation in der Deutschen Nationalbibliografie; detaillierte bibliografische Daten sind im Internet über http://dnb.d-nb.de abrufbar.

ISBN: 9783346376923
Dieses Buch ist auch als E-Book erhältlich.

Druck und Bindung: Books on Demand GmbH, Norderstedt Germany
Gedruckt auf säurefreiem Papier aus verantwortungsvollen Quellen

Das vorliegende Werk wurde sorgfältig erarbeitet. Dennoch übernehmen Autoren und Verlag für die Richtigkeit von Angaben, Hinweisen, Links und Ratschlägen sowie eventuelle Druckfehler keine Haftung.

Das Buch bei GRIN: https://www.grin.com/document/1001311

HUMBOLDT-UNIVERSITÄT ZU BERLIN

INSTITUT FÜR MUSIK- UND MEDIENWISSEN-
SCHAFTEN

Können Maschinen denken?

Ein mediengeschichtlicher Exkurs in das For-
schungsgebiet der Künstlichen Intelligenz sowie
die Theorien des Logikers Gotthard Günthers in
Relation dazu

1.0 Einleitung

In den letzten Jahren ist eine technische Entwicklung ohne Einsatz *Künstlicher Intelligenz* kaum denkbar. Mittlerweile nutzen Menschen diverse Formen von Künstlicher Intelligenz auch im Alltag – sei es Siri, Alexa oder Navigationssysteme. Auch Unternehmen setzen verstärkt auf den Einsatz von künstlicher Intelligenz, um ihre Prozesse zu optimieren, Kosten einzusparen oder ihren Kunden andere Mehrwerte zu schaffen.

Es wird fälschlicherweise angenommen, dass die KI-Forschung erst wenige Jahre alt ist. Dabei ist die Idee einer Kopie der menschlichen Intelligenz nicht neu. Bereits ab dem 16. Jahrhundert machten sich Menschen über Reproduktionen und Imitationen Gedanken. Als Geburtsstunde der Künstlichen Intelligenz wird jedoch eine Konferenz angesehen, die im Jahr 1956 am Dartmouth College unter der Leitung von John McCarthy stattfand. Doch nach McCarthy gebührt der Titel des Vaters der Künstlichen Intelligenz eigentlich Alan Turing, der 1947 auf einem Symposium in Manchester die zentrale Frage der Künstlichen Intelligenz formulierte: *Können Maschinen denken?*[1]

Die erste Dekade ab Mitte der 1950er Jahre wurde von Whinston „in einem historischen Rückblick als Morgendämmerung der Künstlichen Intelligenz bezeichnet."[2] Vor allem die Vorhersagen von Herbert A. Simon aus dem Jahr 1958 sind charakteristisch für die Goldgräberstimmung jener Zeit; er formulierte die Vorhersagen:

1. „Innerhalb der nächsten zehn Jahren wird ein Computer Schachweltmeister sein.
2. Innerhalb der nächsten zehn Jahren wird ein Computer hoch ästhetische Musik komponieren.
3. Innerhalb der nächsten zehn Jahren wird ein Computer ein wichtiges mathematisches Theorem entdecken und beweisen.

---

[1] Konrad, E. Zur Geschichte der Künstlichen Intelligenz in der Bundesrepublik Deutschland.

[2] Ebd.

4. Innerhalb der nächsten zehn Jahre „werden die meisten Theorien der Psychologie die Form von Computerprogrammen oder von qualitativen Aussagen über Computerprogramme annehmen."[3]

In den 1970er Jahren waren die vorhergesagten Ergebnisse immer noch nicht eingetreten, was auch zu Unmut bei den eigentlichen Befürwortern der Künstlichen Intelligenz führte. Jedoch entwickelte sich die Künstlichen Intelligenz unaufhaltsam zu einer stets umstrittenen, aber auch relevanten akademischen Disziplin.

In der Bundesrepublik Deutschland entwickelte sich das Fachgebiet der Künstlichen Intelligenz hingegen sehr langsam. Lange Zeit wurde eher von der *Kybernetik* gesprochen. Nicht ohne Grund hieß der Fachbereich Informatik an der Technischen Universität Berlin lange Zeit *Fachbereich Kybernetik*. Jörg Siekmann, ein deutscher Informatikprofessor, merkte an, dass „der Aufbau der KI in Deutschland eher ein trauriges Kapitel verpaßter Möglichkeiten, deutschtümelnder Kirchtumspolitik und mangelnden Weitblicks"[4] ist. Jedoch muss festgehalten werden, dass in der BRD die Startbedingungen schlecht waren: Im Zuge der Vertreibung der Spitzenwissenschaftler durch die Nationalsozialisten und des Krieges, konnte durch „die Probleme der Nachkriegszeit keine kontinuierliche wissenschaftliche Entwicklung"[5] vorangetrieben werden. Zum Vergleich: Der erste Informatik-Studiengang wurde in der BRD erst 20 Jahre nach dem ersten Informatik Studiengang in den Vereinigten Staaten eingeführt. Auch wenn in Deutschland die Beschäftigung mit der Künstlichen Intelligenz erst später begann, gab es trotzdem Deutsche, die sich bereits in den 1950er Jahren intensiv Künstlicher Intelligenz beschäftigten. Einer davon ist Gotthard Günther, der Underdog.

Die Arbeit beschäftigt sich zunächst mit der Frage, woher der Begriff Künstliche Intelligenz stammt und wird in den geschichtlichen Kontext eingeordnet. Über verschiedene Theorien zur Künstlichen Intelligenz, stellt sich letztendlich die Frage, was Bewusstsein ist. Schließlich wird analysiert, wie Gotthard Günther und seine Theorien in diesen Kontext passen.

---

[3] Konrad, E. Zur Geschichte der Künstlichen Intelligenz in der Bundesrepublik Deutschland.

[4] Ebd.

[5] Ebd.

2.0 Woher stammt der Begriff *Künstliche Intelligenz?*

In den frühen 1950er Jahren gab es verschiedene Namen für *Denkmaschinen*, wobei Automatentheorie und komplexe Informationstechnik nur zwei davon sind. Diese Vielfalt der Namen lässt auch auf die Vielfalt der konzeptionellen Orientierung und auch auf das noch nicht greifbare Oberthema schließen. Der Begriff *Künstliche Intelligenz* wurde explizit von einer Person geprägt: John McCarthy, Juniorprofessor der Mathematik am Dartmouth College in Hanover, New Hemsphire. Gemeinsam mit drei weiteren Forschern, Marvin Minsky, Nathan Rochester und Claude Shannon, initiierte er im Jahr 1955 die *Dartmouth Conference*, zu der zehn bekannte Wissenschaftler aus unterschiedlichen Fachrichtungen einladen wurden, um über zwei Monate Ideen und Denkansätze zu entwickeln.[6] Viele der dortigen Forschungen waren maßgeblich an bedeutenden Beiträgen in diesem Feld beteiligt.

Im ursprünglichen Förderantrag über 13.500 Dollar an die Rockefeller Fundation schrieb McCarthy:

> *„We propose that a 2 month, 10 man study of artificial intelligence be carried out during the summer of 1956 at Dartmouth College in Hanover, New Hampshire. The study is to proceed on the basis of the conjecture that every aspect of learning or any other feature of intelligence can in principle be so precisely described that a machine can be made to simulate it. An attempt will be made to find how to make machines use language, form abstractions and concepts, solve kinds of problems now reserved for humans, and improve themselves. We think that a significant advance can be made in one or more of these problems if a carefully selected group of scientists work on it together for a summer.“*[7]

Der Begriff *Künstliche Intelligenz* wurde von McCarthy gewählt, um seine eigene und die Arbeit seiner Kollegen von der bereits etablierten Disziplin der Ky-

---

[6] Vgl. McCarthy, J. et al. (August, 1955). A Proposal for the Dartmouth Summer Research Project on Artificial Intelligence. URL: https://web.archive.org/web/20080930164306/http://www-formal.stanford.edu/jmc/history/dartmouth/dartmouth.html.

[7] McCarthy, J. et al. (August, 1955). A Proposal for the Dartmouth Summer Research Project on Artificial Intelligence. URL: https://web.archive.org/web/20080930164306/http://www-formal.stanford.edu/jmc/history/dartmouth/dartmouth.html.

bernetik zu unterscheiden – „der wissenschaftlichen Untersuchung der Kontrolle und Kommunikation von Tier und Maschine, die sich dem Thema hauptsächliche von dem Standpunkt aus annäherte, wie Tiere und Menschen Rückkopplungen nutzen, um ihr Verhalten anzupassen und zu korrigieren."[8] McCarthy und seine Kollegen hingegen waren Vertreter der mathematischen Logik, welches sich „mit der Darstellung von Konzepten und Aussagen in Form von Symbolen beschäftigt."[9] Hierbei werden unterschiedliche Symbole manipuliert, dass sich „deduktiv von Hypothesen ausgehend Schlussfolgerungen ziehen lassen"[10]. Das wohl bekannteste Beispiel ist das folgende: „Mensch", „Sokrates", „sterblich" sind einzelne Symbole und bilden kombiniert die Aussagen „Sokrates ist ein Mensch" und „Alle Menschen sind sterblich". Die Schlussfolgerung aus dieser Aussage ist, dass wenn alle Menschen sterblich sind, auch Sokrates sterblich sein muss.[11] Die meisten Mathematiker, die sich mit Logik beschäftigt haben, erforschen jedoch eher die theoretischen Eigenarten logischer Systeme.

Nachdem die ersten elektronische Rechengerät entwickelt wurden, gab es nun die Möglichkeit, dass es „einen praktischen Nutzen für diese Theorie geben könnte…"[12] Bereits während des zweiten Weltkrieges konnten Computer ihren Mehrwert unter Beweis stellen. Sie dienten z.B. zum Ver- und Entschlüsseln oder auch zum Knacken von Codes. Vor diesem Hintergrund lässt sich die Dartmouth Conference als eine Möglichkeit ansehen, „die Verwendung von Computern über das reine Rechnen und Verarbeiten von Daten hinaus zu etablieren, nämlich zum Manipulieren von Symbolen."[13]

Nach der Bewilligung luden die vier Organisatoren, McCarthy, Minsky, Shannon und Rochester sieben weitere Ingenieure, Mathematiker, Logiker, Psychologen und Physiker ein, mit denen die sieben Unterthemen bearbeitet werden sollten. Das erste besprochene Thema war *Automatic Computers*. Hierbei sprachen die Initiatoren davon, dass die damaligen Kapazitäten der Computer nicht in der

---

[8] Kaplan, J. (2017). Künstliche Intelligenz: Eine Einführung.

[9] Ebd.

[10] Ebd.

[11] Vgl. Ebd.

[12] Ebd.

[13] Ebd.

Lage sind, höhere Funktionen des menschlichen Gehirns zu simulieren. Dabei ist das Haupthindernis nicht primär der Mangel an Maschinenkapazität, sondern an der menschlichen Unfähigkeit, Programme zu schreiben, die in der Lage sind, diese vollkommen auszunutzen.[14] *Wie kann ein Computer für die Verwendung einer Sprache programmiert werden?* war das zweite Thema. Ein Großteil des menschlichen Denkens besteht darin, Wörter nach Argumentationsregeln und Vermutungsregeln zu manipulieren. Unter diesem Punkt besteht die Bildung einer Verallgemeinerung darin, ein neues Wort und einige Regeln zuzulassen, wobei Sätze, die es enthalten implizieren und von anderen impliziert werden. Bereits in den 1943 Jahren entwickeln McCulloch und Pitts ein neuronales System (McCulloch-Pits-Neuronenmodell) und stellten sich die Frage, wie kann eine Reihe von Neuronen angeordnet werden, dass sie Konzepte bilden? Zu dieser Thematik wollte die Dartmouth Conference weiter forschen und Ideen austauschen.[15]

Das vierte zu behandelnde Unterthema war *Zufälligkeit und Kreativität*. Die Vermutung ist, dass der Unterschied zwischen kreativem und einfallslosem, kompetenten Denken in der Injektion einer Zufälligkeit liegt. Diese Zufälligkeit muss von Intuition geleitet werden.

Zudem wurden die Themen *Selbstverbesserung, Abstraktion* und *Theoretische Überlegungen zum Umfang einer Rechenoperation* besprochen.[16]

Die Dartmouth Conference Teilnehmer sprechen, wenn auch nicht bewusst, oder ohne dass der Ausdruck verwendet wird, von einer Strong AI.

2.1 Ziele und Ergebnisse der Dartmouth Conference

Die Agenda der Dartmouth Conference deckte ein vielfältiges Themenspektrum ab. McCarthy war der Ansicht, dass ein Computer viele oder wenn nicht sogar alle komplexen Funktionen des Menschen simulieren könne. All jene dieser Bemerkungen erwies sich als Vorhersage für relevante Forschungsgebiete im Bereich KI. Die Agenda wich in anderen Punkten jedoch stark von der Realität ab und McCarthy legt einen immensen Optimismus an den Tag, der letztendlich

---

[14] McCarthy, J. et al. (August, 1955). A Proposal for the Dartmouth Summer Research Project on Artificial Intelligence. URL: https://web.archive.org/web/20080930164306/ http://www-formal.stanford.edu/jmc/history/dartmouth/dartmouth.html.

[15] Ebd.

[16] Ebd.

nicht so erfüllt wurde, wie es sich die Organisatoren gewünscht haben.

„We think that a significant advance can be made in one or more of these problems if a carefully selected group of scientists work on it together for a summer."[17]

Welche Ergebnisse die Dartmouth Konferenz letztendlich wirklich erzielt hat, ist unklar, da diese nie mit der Öffentlichkeit geteilt wurde – auch wenn es immer versprochen wurde. Die wohl stärkste Errungenschaft der gesamten Konferenz ist wohl der Begriff *Künstliche Intelligenz,* der weit über die Grenzen der Informatik Berühmtheit und Aufmerksamkeit erregte. Der Begriff Künstliche Intelligenz löste zunächst ein phantasievolles Wunschdenken aus, obwohl es sich in der Praxis aus einer Mischung der Ingenieurwissenschaften, „deren Beziehung zu biologischen Organismen zuvorderst metaphorisch und begeisternd ist"[18]. Die Kombination zwischen Maschine und menschlicher Intelligenz führte dazu, dass diese Technologie in den schillerndsten Farben dargestellt wird und das Bild der Künstlichen Intelligenz romantisiert – und letztendlich auch getrübt – wurde. In dem Buch *Künstliche Intelligenz: Eine Einführung (2017)* vergleicht Jerry Kaplan *Künstliche Intelligenz* und die damit einhergehende Verwirrung des Begriffes mit dem des Fluges: Man stelle sich vor, dass Flugzeuge als künstliche Vögel tituliert würden. Doch das problematische an diesem Vergleich ist, dass immer verglichen werden würde, ob Flugzeuge tatsächlich den Flug eines Vogels simulieren. Zwar bedienen sich Flugzeuge der Anatomie von Vögeln (*Vgl. Flügel / Tragflächen mit Flügeln von Vögeln).* Jedoch sind die Flügel des Flugzeuges steif und das Flugzeug hat keine Möglichkeit, diese Flügel zu bewegen. Auch gibt es elementare Unterschiede bezüglich der Reichweite, Geschwindigkeit oder des Antriebssystems. Ähnlich ist es mit dem Begriff Künstliche Intelligenz und auch den damit einhergehenden Erwartungen an diesen.[19] Letztendlich weckte die Dartmouth Conference vor allem Visionen. In der Folge wurden Computern eine Art Allmacht zugesprochen, weil auch die Vertreter der Conference davon ausgingen, dass diese Denkmaschinen bald schneller, kreativer und effizienter denken und entschieden würden konträr zum menschlichen

---

[17] McCarthy, J. et al. (August, 1955). A Proposal for the Dartmouth Summer Research Project on Artificial Intelligence. URL: https://web.archive.org/web/20080930164306/ http://www-formal.stanford.edu/jmc/history/dartmouth/dartmouth.html.

[18] Kaplan, J. (2017). Künstliche Intelligenz: Eine Einführung.

[19] Ebd.

Gehirn. Dies spiegelt sich auch in Film und Literatur der damaligen Zeit wider: Das Science-Fiction Genre suggeriert, dass die monströsen Computer immer die richtige Antwort kennen und alles weiß. Wie optimistisch die Teilnehmer der Dartmouth Conference bezüglich der Künstlichen Intelligenz waren, spiegelt die Aussage von Marvin Minsky wider, der als „Ziel der KI die Überwindung des Todes"[20] definiert.

2.2 Der Turing-Test nach Alan Turing

Bereits vor der Dartmouth Conference gab es Ansätze der Künstlichen Intelligenz, die jedoch noch nicht unter dem Begriff Künstliche Intelligenz zusammengefasst wurden.

Der bekannteste und erste Ansatz wurde von Alan Turing entwickelt. In seiner Arbeit *Computing Machinery and Intelligence* aus dem Jahr 1950 beschreibt Alan Turing ein Testverfahren, mit dem untersucht wird, ob eine Maschine das Denken eines Menschen nachahmen kann – besser bekannt als der Turing-Test.[21]

Turing setzte voraus, dass man die Antworten eines Computers nicht von denen eines Menschen unterscheiden kann, wenn dieser Computer „intelligent" ist. Der Ablauf des Turing-Tests ist simpel: Man stelle sich vor, man sitze in einem Raum, vor einem ein Computer, mit dem man mit zwei anderen Personen, die sich außerhalb des Raumes befinden, chattet. Ein Chatpartner ist eine andere Person, der andere Chatpartner ein Computer. Nun muss der Proband herausfinden, welcher seiner Chatpartner der Computer und welcher der Mensch ist, dabei versucht der Computer den Probanden davon zu überzeugen, dass er ein Mensch ist. Ist der Proband nicht in der Lage zu unterscheiden, welcher seiner Chatpartner der Computer und wer der Mensch ist, gilt der Turing-Test als bestanden.[22]

Auch wenn Alan Turings Test damals bahnbrechend war und als Meilenstein der KI-Forschung gilt, ist bei genauerer Betrachtung offensichtlich, dass er einige Schwächen aufweist. So ist der größte Kritikpunkt, dass der Turing-Test lediglich die Funktionalität eines Systems prüft, aber nicht, „ob der Intelligenz

---

[20] Huemer, W. Unsterblich?! Gute Gründe für ein Leben nach dem Tod. S. 197.

[21] Turing, A. Computing Machinery and Intelligence.

[22] Vgl. Turing, A. Computing Machinery and Intelligence.

auf ein Bewusstsein oder eine Intentionalität"[23] zugrunde liegt. Die Konklusion daraus ist, dass ein System den Turing-Test bestehen kann, welches menschliches Verhalten imitiert und darauf programmiert ist, „den Gesprächspartner und den Konversationsverlauf dahingehend zu manipulieren, es für einen Menschen zu halten, ohne dafür jedoch echte Intelligenz zu benötigen."[24]

Bis zum Jahr 2013 hat kein System den Turing-Test bestanden, der als bestanden gilt, wenn mindestens 30% der Probanden sich täuschen lassen. Das 2013 erfolgreiche Programm *Eugene* gab vor, ein 13-jähriger Junge aus der Ukraine zu sein. Damit konnte Eugene 33% der Probanden überzeugen, ein Mensch zu sein. Eugene konnte Gegenfragen stellen oder auch die mangelnde Rechtschreibung kritisieren.[25]

3.0 John R. Searles Theorie der Künstlichen Intelligenz

In den 1980er Jahren stellte sich John Rogers Searle, ein amerikanischer Philosoph erneut die zentrale Frage der Künstlichen Intelligenz: *Können Maschinen denken?* Searle beschäftigte sich auf der Grundlage des Turing-Tests intensiv mit dieser Frage und unterschied letztendlich Künstliche Intelligenz in *Strong- und Weak AI.* In diesem Zusammenhang, entwickelte Searle 1980 in seinem Aufsatz *Minds, Brains und Programs* das Gedankenexperiment das *Chinesische Zimmer.* Searle vertritt vehement die Meinung, dass eine Denkmaschine, die eine Strong-AI aufweist, nicht realisierbar ist.[26]

3.1 Weak Artificial Intelligence

Als *Weak-AI* werden Systeme zusammengefasst, „die sich auf die Lösung konkreter Anwendungsprobleme fokussieren."[27] Hierbei erfolgt die Problemlösung

---

[23] Zeit online. (2014). Computerprogramm gaukelt erfolgreich Menschsein vor. URL: https://www.zeit.de/wissen/2014-06/kuenstliche-intelligenz-turing-test.

[24] Ebd.

[25] Vgl. Kühl, E. (2014). Ein Trickser namens Eugene Goostman. URL: https://www.zeit.de/wissen/2014-06/kuenstliche-intelligenz-turing-test.

[26] Searle, J.R. (1980). Minds, brains, and programs. Behavioral and Brain Sciences.

[27] Nationale Strategie für Künstliche Intelligenz. (2018). Strategie Künstliche Intelligenz der Bundesregierung. URL: https://www.bmbf.de/files/Nationale_KI-Strategie.pdf.

auf „Basis von Methoden der Mathematik und Informatik, die speziell für die jeweiligen Anforderung entwickelt"[28] und optimiert werden. Das resultierende Systeme ist zudem auch in der Lage, sich stetig selbst zu optimieren. Weak-AI-Systeme funktionieren lediglich auf einem sehr oberflächlichem Intelligenzlevel und sind nicht in der Lage ein tieferes Verständnis für Problemstellungen- und Lösungen zu erlangen. Weak-AI-Systeme sind zudem auf die Erfüllung einer einzigen und klar definierten Aufgabe programmiert, welche keine Variationen an die Herangehensweise an das Problem mit sich bringt. Sie nutzen lediglich die Methode, die ihnen zur Verfügung gestellt wurden.

Diese Systeme können zwar menschliche Kognition simulieren, aber nicht eigenständig denken, da Denken viel zu komplex für ein Programm ist. John Searle beschreibt in diesem Zusammenhang ein Beispiel aus der Chemie: Man stelle sich einen Pool, gefüllt mit Wasser vor – nichts anderes als viele Wasser- und Sauerstoffmoleküle. Sich dieses Wasser nun aber in Wasser- und Sauerstoffmolekülen vorzustellen, ist schwierig. Man könnte es nur durch ein Modell verdeutlichen, indem man den Pool mit Tennisbällen (für die Sauerstoffmoleküle) und Tischtennisbälle (für die Wasserstoffmoleküle) füllt. Genauso verhält sich der Geist: Ein Computerprogramm ist nur dafür verantwortlich, Vorgänge besser zu verdeutlichen und anschaulich zu machen.[29]

Künstliche Intelligenzen, die heute auch schon der breiten Bevölkerung zur Verfügung stehen, sind Weak-AIs, wie zum Beispiel Zeichen-, Text-, Bild-, Spracherkennung, Navigationssysteme oder automatische Übersetzungen. Searle beschreibt, dass die Entwicklungen wie Frank Rosenblatts Perzeptron oder Weizenbaums ELIZA zwar das menschliche Gehirn nachahmen konnte, aber eben nicht selbstständig Denken konnten.

3.2 Strong Artificial Intelligence

Strong-AI hat das Ziel, „die gleichen intellektuellen Fertigkeiten von Menschen zu erlangen oder zu übertreffen."[30] Dabei handelt die AI nicht nur reaktiv, sondern auch intelligent und flexibel. Bis heute wurde noch keine Strong-AI entwi-

---

ckelt. Es stellt sich hier zudem auch die Frage, ob dies überhaupt möglich ist. Generell konnten Wissenschaftler sich darauf einigen, dass eine Strong AI folgende Eigenschaften aufweisen müsste:

1. Logisches Denkvermögen
2. Planungs- und Lernfähigkeit
3. Fähigkeit zur Kommunikation in natürlicher Sprache
4. Kombination von verschiedenen Fähigkeiten
5. Entscheidungsfähigkeit auch bei Unsicherheit[31]

Es wird auch die Frage gestellt, ob eine Strong AI ein eigenes Bewusstsein erlangen kann. Es ist zudem auch unklar welche Rollen Empathie, Gedächtnis und Selbsterkenntnis spielen.

John Searle ist der prominenteste Vertreter der Weak-AI und Kritiker der Strong-AI, „da sie sich grundlegend von anderen Theorien über den Geist abhebt: Sie sei nämlich klar formulierbar und einfach und eindeutig widerlegbar." [32]Searle versucht mit seinem Gedankenmodell *Das Chinesische Zimmer* die Strong-AI zu widerlegen.

3.3 Das Chinesisches Zimmer

Man stelle sich einen Raum vor, in dem ein Mensch sitzt, der kein Chinesisch versteht. Zudem befinden sich in dem Raum Körbe voller Kärtchen mit chinesischen Symbolen und ein Regelbuch, in dem beschrieben wird, die diese Symbole miteinander verknüpft werden. Von außerhalb des Raumes bekommt der Mensch nun durch einen Schlitz Kärtchen auf denen Fragen auf chinesisch stehen. Mit Hilfe des Regelbuches und der Symbolkarten können nun die Fragen beantwortet und durch den Schlitz außerhalb des Raumes gebracht werden. Als Außenstehender geht man nun davon aus, dass die Person, die im Zimmer sitzt, der chinesischen Sprache mächtig ist, obwohl er dies eben nicht ist. Der Mensch hantiert im chinesischen Zimmer nur mit Symbolen, die er nicht versteht. Man könne auch sagen, er ist wie ein Computer, das Regelbuch stehen für die Dateien, der Autor des Buches repräsentiert den Programmierer und die Körbe die Daten. Doch zeigt das Chinesische Zimmer, dass das bloße

---

31 Informatik.Uni-Oldenburg. Schwache und Starke KI. URL: http://www.informatik.uni-oldenburg.de/~iug08/ki/Grundlagen_Starke_KI_vs._Schwache_KI.html.

32 o.H. Künstliche Intelligenz. Eine Kontroverse. URL: https://www.uibk.ac.at/psychologie/mitarbeiter/leidlmair/kuenstliche_intelligenz_seminar.pdf.

Hantieren mit den Symbolen nicht bedeutet, dass man diese auch versteht. Das bloße Ausführen eines Programm ist also nicht die Voraussetzung einer geistigen Tätigkeit. Searle versucht mit diesem Beispiel die Strong-AI zu widerlegen.[33]

3.4 Widerlegung der Strong-AI

Um das Chinesische Zimmer und schließlich einen Gegenbeweis für die Strong-AI noch zu untermauern, entwickelte Searle folgende Überlegungen:

1. Axiom: Computerprogramme sind formal (syntaktisch)

Informationen werden von einem Computer bearbeitet, indem es diese in eine eigene Symbolsprache verschlüsselt und „anschließend diese Informationen mit Hilfe genau festgelegter Regeln, dem Programm, manipuliert."[34] Diese Programme sind jedoch nur rein abstrakte Gebilde, ein Programm besitzt zwar eine Syntax, aber keine Semantik. Dies bedeutet, dass der Computer das Symbol unabhängig von seiner Bedeutung manipuliert.

2. Axiom: Dem menschlichen Denken liegen geistige Inhalte (*Semantik*) zu Grunde.

Menschliche Gedanken, Einsichten und Wahrnehmungen haben immer geistige Inhalte, die wir mit Hilfe von Kommunikation mitteilen können. Um Sprache zu verstehen, benötigt man immer Semantik, um das Gehörte auch zu verstehen und diesem eine Bedeutung zuzuordnen.

3. Axiom: Syntax an sich ist weder konstitutiv noch hinreichen für Semantik

Ein Symbol (Syntax) bedeutet nicht, dass auch verstanden wird, „welche Bedeutung mit dem betreffenden Symbol in Zusammenhang gebracht werden soll."[35] Damit impliziert der bloße Umgang mit den Symbolen nicht, dass auch die Semantik verstanden wurde.

4. Axiom: Gehirne verursachen Geist

---

[33] o.H. Künstliche Intelligenz. Eine Kontroverse. URL: https://www.uibk.ac.at/psychologie/mitarbeiter/leidlmair/kuenstliche_intelligenz_seminar.pdf.

[34] Ebd.

[35] o.H. Künstliche Intelligenz. Eine Kontroverse. URL: https://www.uibk.ac.at/psychologie/mitarbeiter/leidlmair/kuenstliche_intelligenz_seminar.pdf.

Sowohl zu Searles Zeiten, aber auch noch heutzutage, weiß man sehr wenig darüber, wie mentale Zustände im Gehirn erzeugt werden. Während bei einem Computer Prozesse gänzlich unabhängig von ihrer Hardware sind – ein eklatanter Unterschied zum Menschen.

Searles Schlussfolgerung und seine abschließende These ist, „dass Computerprogramme weder konstitutiv noch hinreichend für Semantik und damit für das Denken und den Geist sind."[36]

Er folgert, dass Programme keinen Verstand beinhalten und auch keinen darstellen. Zudem sagt Searle, dass „jedes andere System, das Geist hervorrufen kann, benötigt kausale Kräfte, die denen von Gehirnen (mindestens) äquivalent sind."[37] Seine dritte und vierte Folgerung lautet, dass „jedes Artefakt, das mentale Phänomene erzeugt, also jedes künstliche Gehirn, muss imstande sein, die spezifischen kausalen Kräfte von Gehirnen aufzubringen, und dies ist einfach durch Ausführen eines formalen Programms zu erreichen."[38]

3.5 Was ist Bewusstsein?

Die zentrale Frage der künstlichen Intelligenzforschung spricht von Bewusstsein. Jedoch wird auch immer wieder betont, dass bis heute überhaupt nicht eindeutig ist, was Bewusstsein überhaupt ist – und wie soll man einer Maschine Bewusstsein einpflanzen, wenn der Mensch nicht einmal in der Lage ist, Bewusstsein zu definieren? Generell wird gesagt, dass Bewusstsein sich aus dem zusammensetzt, was erlebt wird: Sei es Geschmack, Klänge, Schmerzen oder Gefühle, aber auch dem Bewusstsein dafür, dass man irgendwann stirbt. Bereits seit der Antike rätseln Philosophen darüber, was Bewusstsein ist – Daniel Dennett von der Tufts University, empfindet die Existenz des Bewusstseins „in einem bedeutungsleeren Universum als derartige Zumutung, dass sie es schlicht zur Illusion erklären."[39] Dies bedeutet, dass die Existenz des Bewusstsein entweder geleugnet wird oder die Existenz niemals wissenschaftlich untersucht werden können.

---

[36] Ebd.

[37] Ebd.

[38] Ebd.

[39] Koch, C. (2019). Was ist Bewusstsein? URL: https://www.spektrum.de/magazin/kognition-was-ist-bewusstsein/1678236.

Traditionell werden Bewusstsein und Geist als etwas angesehen, was sich von der erfassbaren Welt unterscheidet. Dementsprechend kann Bewusstsein auch nicht empirisch erklärt werden. Zwar entspringt Bewusstsein wohl den Hirnfunktionen und kann auch nicht ohne sie existieren, aber werden die „Methoden und Modelle der Hirnforschung niemals ausreichen, um das „Geheimnis" des Bewußtseins zu ergründen."[40]

Eine Schwierigkeit ist es, dass es keinen Konsens über die Arten des Bewusstseins gibt. Es wird generell unterschieden zwischen qualitativem Bewusstsein, intentionales Bewusstsein, Selbstbewusstsein und Ichbewusstsein. Aber schon über diese Einteilung wird gestritten: Das qualitative Bewusstsein ist oft intentional, wie z.B. das Bewusstsein der Angst vor einer Spinne, aber eben manchmal auch nicht, wie das Gefühl einer Depression. Manche glauben, dass das Ichbewusstsein all unsere Bewusstseinszustände begleitet, also fundamental ist. Andere hingegen glauben, dass es überhaupt nur qualitatives Bewusstsein gibt. Wieder andere identifizieren Selbstbewusstsein und Ichbewusstsein, während dagegen eingewandt wird, dass wir ein Bewusstsein unserer Bewusstseinszustände haben können, ohne dass damit schon ein Ichbewusstsein verbunden sein muss. Es gibt in diesen Fragen keinerlei Konsens.[41]

Wenn sich also nun schon die verschiedenen wissenschaftlichen Strömungen nicht einig sind, was Bewusstsein ist, ist es folglich auch schwierig, wenn nicht sogar unmöglich, dieses Bewusstsein auf eine Maschine zu übertragen. Denn wenn man nicht in der Lage ist, etwas zu greifen, verstehen und erklären, kann man dieses nicht auf etwas anderes adaptieren.

4.0 Gotthard Günther – Der Underdog

Parallel zu all den namenhaften Gründern der Künstlichen Intelligenz beschäftigte sich Gotthard Günther, ein Underdog der Philosophie und Logik, mit Fragen zu Bewusstsein von Maschinen.

Günther, der 1900 als Sohn eines Pastors in Schlesien geboren wurde, studierte Philosophie in Leipzig. Seinen intellektuellen Durchbruch waren schließlich die wissenschaftlichen Vorlesungen von Eduard Spranger, explizit über seine

---

[40] Roth, G. Bewußtsein. URL: https://www.spektrum.de/lexikon/neurowissenschaft/bewusstsein/1446.

[41] Vgl. Ebd.

Auffassung, „dass alle zukünftigen Problemstellungen in der Philosophie von Hegels Logik auszugehen hätten, entdeckt Günther den Leitstern seiner Lebensarbeit."[42] Schließlich promoviert Günther und aus seiner 1933 erschienen Dissertation mit dem Titel *Grundzüge einer neuen Theorie des Denkens in Hegels Logik*[43] geht hervor, „dass sich ausgehend von der Logik Hegels ein Formalismus konstruieren läßt, gegenüber dem die klassische zweiwertige Aristotelische Logik zwar nicht aufgelöst wird, sich gleichwohl aber als Spezialfall einer umfassenderen mehrwertigen Logik darstellt."[44] Hier zeigt sich schon deutlich der Bruch Günthers mit dem „philosophischen Mainstream", wie Willy Hochkeppel beschreibt, da die „Hegelianer allenfalls "freundliche Verständnislosigkeit" gegenüber derartigen formalistischen Experimenten [zeigten], während Vertreter der formalen Logik Günthers Arbeiten kaum zur Kenntnis nahmen."[45] Nachdem Günter 1940 in die Vereinigten Staaten emigrierte, wo er zunächst einige Jahre als Lehrer und schließlich an der Widener Library der Harvard University arbeitet. Parallel arbeitet er dazu an seinem Werk *Idee und Grundriß einer nicht-Aristotelischen Logik.*

4.1 Gotthard Günther und Science-Fiction Pulp Magazine

In den späten 1940er Jahren lernt Gotthard Günther schließlich J.W.Campbell kennen, seinerzeit einer der wichtigsten Science-Fiction Autoren und Herausgeber des Pulp-Magazines *Astounding Stories of Super Science*. Unter Pulp-Magazinen werden Zeitschriftenmagazine mit literarischen Geschichten zusammengefasst, die vor allem in den 1930er - 1950er Jahren in Amerika sehr populär waren. Pulp wird das billige, fast schon holzartiges Papier bezeichnet, auf dem die Geschichten gedruckt wurden. In den Science-Fiction Pulp Magazinen sind beliebte Themen Ideen zu Raum und Zeit, Technologien, Gentechnik, aber auch Geschichten, die soziologische, psychologische und politische

---

[42] Paul, J. Gotthard Günther, der Einstein der Philosophie. URL: https://www.vordenker.de/ggphilosophy/ggeinstein_d.htm.

[43] Ebd.

[44] Paul, J. Gotthard Günther, der Einstein der Philosophie. URL: https://www.vordenker.de/ggphilosophy/ggeinstein_d.htm.

[45] Ebd.

Themen behandeln.[46] Pulp-Magazine sollten nicht nur der Unterhaltung dienen, sondern vermittelten auch Wissen und lösten bei einer ganzen Generation großes Interesse an Technik und Zukunftsvisionen aus. Vor allem nach dem zweiten Weltkrieg und dem Beginn des Kalten Krieges beschäftigten sich die Pulp-Magazine auch mit dem Atomkrieg, möglichen Folgen und klärten so auf. Zudem war die Faszination für neue Technologien, aber auch das Eindringen in eine neue, fiktive Welt, für viele nach den Kriegsjahren eine Flucht in eine bessere, technologiegesteuerte Welt.[47]

Während der Ära der Pulp-Magazine versucht Gotthard Günther erfolglos seinen Text *The Logical Parallax* zu publizieren – jedoch wird er von allen Fachzeitschriften aufgrund von Nicht-Erfüllung der Zulassungskriterien abgelehnt. Um seine Aufsätze doch zu veröffentlichen, publiziert Gotthard Günther schließlich sieben seiner Texte in den Pulp-Magazinen *Startling Stories* und *Astounding Stories of Super Science* und eröffnete damit eine Reihe von Schriften, „die sich geradezu als Übertragungsprotokolle seines (transzendental)logischen und reflexionslogischen Ansatzes in eine metaphysisch nicht, zumindest nicht gleichermaßen, präformiere Umgebung lesen lassen."[48]

Er veröffentlichte die Texte:

- Can Mechanical Brains Have Consciousness? (*Startling Stories,* 1953)
- The Logical Parallax (*Astounding Stories of Super Science,* 1953)
- Achilles and the Tortoise (*Astounding Stories of Super Science,* 1954)
- Aristotelian and Non Aristotelian Logic (*Startling Stories,* 1954)
- The Seetee Mind (*Startling Stories,* 1954)
- The Soul of a Robot (*Startling Stories,*1955)
- The Thought Translator (*Startling Stories,*1955)[49]

---

[46] Käther, M. Die Pulp Magazine. Amerika im Bann der Kurzgeschichte. URL: https://www.zauberspiegel-online.de/index.php/durchblick-hintergrnde-mainmenu-15/druck-und-buch-mainmenu-295/28108-die-pulp-magazines-amerika-im-bann-der-kurzgeschichte-4-sind-pulps-schund.

[47] Vgl. Ebd.

[48] Castella, J. Gotthard Günther. Leben und Werk. S. 229.

[49] Vgl. Kaehr, R., Mahler, T. (1998). Die komplette Bibliographie Gotthard Günthers. URL: http://www.vordenker.de/ggphilosophy/gg_bibliographie.htm.

Zudem stieß Günther in den Pulp-Magazinen auf philosophische Ideen zu Raum, Zeit, Materie, die ihn und seine Texte stark beeinflusste.

Günther erlebte in den späten 1940er Jahren den ersten Digitalcomputer, die damals von Journalisten *Elektronenhirn* genannt wurden. Nebenbei entwickelte sich die neue Wissenschaft der Kybernetik, die verschiedene Wissenschaften, wie Biologie, Neurologie oder Rechentechnik zusammenführt, und versucht, Lebensvorgänge durch Maschinen zu simulieren. Die Zeit, in der Günther lebte, mit all ihren Errungenschaften sowie seine Kenntnisse der klassischen Philosophie führten Günther letztendlich zur einer Theorie eines denkenden Computers.[50]

Nachdem Günther 1960 mit Warren McCulloch, dem Vater der Kybernetik, bekannt wurde, verhalf dieser ihm zu Vorträgen an renommierten Universitätsinstituten. Günther wurde von McCullochs Theorien und auch durch die Freundschaft in seinen späteren Theorien beeinflusst.

Gotthard Günther ist kein Name, der den meisten einfällt, wenn sie über Metaphysik, Logik oder gar Künstliche Intelligenz nachdenken. Er spielte nie eine große Rolle bzw. spielte nie in der Liga der Großen mit, womöglich auch, da man ihn und seine Theorien keiner philosophischen Schule direkt zuordnen könnte. Trotz alledem haben Günther und seine Theorie eine besondere Rolle im Kosmos der Künstlichen Intelligenz und Kybernetik. Sein einflussreichstes Werk, *Das Bewusstsein der Maschine – Eine Metaphysik der Kybernetik*, erschien in erster Auflage im Jahr 1959. Günther prägte mit dem Buch „ein Schlagwort, gemünzt nicht nur auf eine Diagnose der Zeit als rückblickende Charakterisierung und Leitbild einer neuen Nachkriegs-Generation, sondern auf eine Analyse der Technik als Vorschau eines neuen Welt- und Menschenbilds, die sicher erst in Zukunft voll verstanden wird."[51] Günthers Ansicht auf die Technik ist konträr zu denen der bekannten Technik-Pessimisten, wie etwa Heidegger, der die Technik verwirft oder als „bloße Mängelkompensation"[52] ansieht, da Günther die Technik nicht nur als Werkzeug, sondern als Wesensmerkmal

---

[50] Bülow, R. (2014). „Künstliche Intelligenz": Wie der Geist in die Maschine kommt. URL: https://www.focus.de/wissen/experten/buelow/wie-der-geist-in-die-maschine-kommt-die-geheimen-formeln-fuer-kuenstliche-intelligenz_id_3914861.html.

[51] Kronthaler, E. (2014) Anmerkungen zu „Das Bewusstsein der Maschinen" und zu seinem Autor. URL: https://www.vordenker.de/ggphilosophy/ek_das-bewusstsein-der-maschinen.pdf.

[52] Ebd.

des Menschen ansieht. Die Philosophie ist hierbei nicht zu Ende, sondern beginnt gerade durch die Technik. Wo Heidegger in der Kybernetik ein Verhängnis sieht, sieht Günther „ihrer Verwerfung des Materie/Form- oder Subjekt/Objekt-Dualismus eine innovative Kraft [...], die er zur „Neubestimmung des Menschen" nutzt."[53] Die erste Auflage von Bewusstsein der Maschinen wurde in der ersten großen kybernetischen Begeisterungswelle im Jahr 1957 veröffentlicht.

4.2 Gotthard Günthers *Can Mechanical Brains have Consciousness?*

Gotthard Günther schreibt in seinem Essay *Can Mechanical Brains have Consciousness?*, dass Denken eine spezifische Form des Bewusstseins ist, aber niemand weiß, was Bewusstsein ist.[54] Dies ist auch die allgemeine Meinung der Wissenschaftler zu Günthers Zeit. Weiterhin sagt er klar, dass „nor will any of the more advanced models which man may build along these lines in the next centuries."[55] Nach Günther gibt es zwei Lager: Das erste, welches behauptet, dass Maschinen niemals Bewusstsein erlangen werden. Das zweite vertritt die Meinung, dass Maschinen bereits auf einem guten Weg sind Denken zu können und es nur noch eine Frage der Zeit ist. Jedoch liegen beide Lager falsch: Die erste Meinung impliziert, dass man nicht nur momentan, sondern auch zukünftig, fähig ist Bewusstsein zu definieren. Interessant ist, dass auch noch heutzutage stark darüber diskutiert wird, was Bewusstsein ist und es scheinbar der entscheidende Faktor für Künstliche Intelligenz ist. Die zweite Gruppe geht fälschlicherweise davon aus, dass man nicht genau wissen muss, was Bewusstsein ist; für sie ist es nur eine Bezeichnung für all die abstrakten Summen der gesamten Wahrnehmungsfunktionen ist. Dies bedeutet, wenn alle Funktionen wie Sensibilität, Gedächtnis, Lernen, Entscheidungsfähigkeit, quantitatives und qualitatives Denken durch mechanische Verfahren reduzieren kann, hat man Bewusstsein geschaffen.[56] Unterstützt wird diese Theorie der

---

[53] Kronthaler, E. (2014). Anmerkungen zu „Das Bewusstsein der Maschinen" und zu seinem Autor. URL: https://www.vordenker.de/ggphilosophy/ek_das-bewusstsein-der-maschinen.pdf.

[54] Günther, G. (1953). Can Mechanical Brains have Consciousness? URL: https://www.vordenker.de/gunther_web/mechbrain.htm.

[55] Ebd.

[56] Vgl. Ebd.

bloßen Bezeichnung mit dem Beispiel, dass es Pferde, Katzen, Fische, Vögel und Koalas gibt; aber es gibt kein Tier, nur die Bezeichnung Tier; ähnlich verhält es sich mit dem Bewusstsein.[57] Aber auch diese Theorie ist nach Günther falsch, denn es ist eindeutig, dass Bewusstsein nicht die Zusammensetzung von Funktionen ist, Bewusstsein ist viel komplexer. Immanuel Kant beschreibt in seinem Werk *Die Kritik der reinen Vernunft* genau diese Funktionsabläufe und entwickelte daraus eine neue Disziplin – die Transzendentale Logik. Diese Transzendentale Logik kann herangezogen werden, um die Frage zu beantworten, ob materielle Gegenstände Gedanken haben, die vom Bewusstsein begleitet werden. Günther beschreibt das Beispiel der Reflexion: Sieht man sich einen Film im Kino an, reflektiert die Leinwand den Film. In dem Film sieht man Menschen, die Handlungen durchführen, sich unterhalten und auf Aktionen reagieren. Aber obwohl sich diese Handlungen auf der Leinwand abspielen, würde niemand sagen, dass die Leinwand ein Bewusstsein hat, da die Leinwand lediglich die Handlungen reflektiert und nicht weiß, was er auf ihm passiert. Das Licht, welches von ihm reflektiert wird, wird von unseren Augen reflektiert und nur der Zuschauer ist in der Lagen, sich der Ereignisse des Filmes bewusst zu sein.[58]

Auch Menschen empfangen durch das sensorisches System Nachrichten von der Außenwelt und werden von den Augen, Ohren, Nase, Haut etc. aufgenommen. Diese Wahrnehmung wird jedoch nicht auf die Umwelt zurückgeworfen. Stattdessen wird es in eine tiefere Vertiefung Ihres Gehirns geworfen, dreht sich um und erscheint ein zweites Mal auf Ihrem Gehirn- "Leinwand", wobei eine zweite Reflexion der ersten überlagert wird. Diese zweite Erscheinung begründet das wundersame Phänomen, das wir *Bewusstsein* nennen. Theoretisch sollte man nun in der Lage sein, Bewusstsein technisch zu gestalten, wenn man herausfinden kann, was mit der Nachricht geschieht, nachdem sie auf der Leinwand auf dem Gehirn empfangen wurde, bevor sie im späteren Moment zurückkommt und erzeugt Bewusstsein. Bis zur Veröffentlichung von Kants *Die Kritik der reinen Vernunft* hatten Philosophen und Wissenschaftler die folgenden Ideen über den Ursprung des Bewusstseins geäußert: Sie sagten, unser Geist sei wie ein Krug, in den man Wasser gießt. Das Wasser, während es ge-

---

[57] Vgl. Günther, G. (1953). Can Mechanical Brains have Consciousness? URL: https://www.vordenker.de/gunther_web/mechbrain.htm.

[58] Vgl. Ebd.

gossen wird, ist in einem ziemlich chaotischen Zustand. Der Krug hält es jedoch still und zwingt die Flüssigkeit, ihre eigene hohle Form anzunehmen. Nach dieser Theorie ist unser Bewusstsein ein System hohler Formen, in das alle Empfindungen, Eindrücke und Reize eingegossen werden, die unser Nervensystem von der Außenwelt überträgt. Aber diese Übertragungen kommen in einem ziemlich chaotischen Zustand an. Sie werden nur dann bewusst, wenn sie einem Formungs- und Ordnungsmechanismus unterzogen werden, der ihnen ihre endgültige (d. h. bewusste) Form verleiht. Das Schema ist so einfach und im Übrigen - soweit es geht - absolut richtig, dass auch heute noch 99.999% aller Menschen diese Erklärung befolgen.[59]

Nach Ihnen hat unser Geist zwei grundlegende Komponenten: Nämlich Inhalte und Formen. Wenn beide zusammenkommen, ist das Ergebnis Bewusstsein. Das einzige Problem ist: Wenn Sie Wasser in einen Krug gießen, wird dieses Gefäß nicht wasserbewusst.

Die Philosophen sagen aber, dass es beim Mensch etwas anderes ist, denn dieser hat eine Seele, welches das leblose Objekte nicht hat. Und neben der Synthese von Formen und Inhalten benötigt man ein Selbst, was diese Synthese beobachtet und so Bewusstsein hervorbringt.[60] Aber neben der Seele gibt es noch etwas, bei dem wir nicht wissen, was es ist: Kant, der in seiner *Kritik der reinen Vernunft* den Begriff der "Seele" aus der Theorie der Logik entfernte und erklärte, dass es jenseits des Mechanismus der formalen Logik in unserem Gehirn einen zweiten Mechanismus gibt, der nach ganz anderen Prinzipien arbeitet. Er bildet keine Nachrichten mehr, sondern führt sie durch die Verarbeitungsstufen und kehrt schließlich zum ursprünglichen "Bildschirm" zurück, der Identitätsstufe der formalen Logik. Insofern diese Tragfähigkeit, die die Nachrichten zuerst über den Bildschirm hinaus transportiert, das herausragendste Merkmal dieses zweiten Gehirnmechanismus ist, nannte Kant seine Theorie "transzendentale" Logik.

Gotthard Günther greift in seinem Essay *Can Mechanical Brains have Consciouness* auf Platons Dialog „Thaethetus": Im trojanischen Pferd saßen viele griechische Helden und warteten vor den Toren Trojas auf Einlass. Obwohl es in diesem Pferd Gehirnfunktionen gab, hat das hölzerne Pferd trotzdem kein

---

[59] Günther, G. (1953). Can Mechanical Brains have Consciousness? URL: https://www.vordenker.de/gunther_web/mechbrain.htm.

[60] Vgl. Ebd.

Bewusstsein. Dementsprechend wird dem jungen Thaethetus gesagt: "Es wäre etwas Besonderes, mein Junge, wenn jeder von uns sozusagen ein hölzernes Pferd wäre und in uns viele getrennte Sinne sitzen würden, da sich diese Sinne offensichtlich zu einer Natur vereinigen. Nenne es Seele oder was du willst; und mit dieser zentralen Form durch die Sinnesorgane nehmen wir sensible Objekte wahr."[61] Dementsprechend ist Günthers Konklusion, dass die gegenwärtigen Künstlichen Intelligenzen nichts anderes sind als *wodden horses*.[62]

Auch wenn John R. Searle erst etwa 30 Jahre später seine Theorien der Strong-AI veröffentlichte, wird deutlich, dass bereits Günther einen ähnlichen Ansatz verfolgt und auch die Ansicht vertritt, dass Denkmaschinen lediglich den Weak-AI Pfad verfolgen können – auch wenn er bei Denkmaschinen nicht die Aufteilungen aufnimmt, wie Searle es tut. Dies erklärt Günther vor allem damit, dass der Mensch momentan nicht in der Lage ist, Bewusstsein zu verstehen und dementsprechend auch keine Künstliche Intelligenz nachbauen kann.

Wie bereits eingangs in Kapitel eins beschrieben, vertreten die Teilnehmer der Dartmouth Conference die Theorie einer Strong-AI, gehen davon aus, dass auch diese zeitnah entwickelt werden kann und geben sich sehr optimistisch. Günthers Theorie der *Mechanical brains* ist dementsprechend keine „Variante des Vulgärmaterialismus", die versucht Dichotomie von Geist und Materie mit neuen technischen Mitteln aufzuheben.[63]

5.0 Fazit

Betrachtet man die heutige KI-Forschung und -Entwicklung, hat man den Eindruck, dass wir uns erneut in einer optimistischen Phase der KI befinden. Momentan wirkt es so, dass, eventuell auch verstärkt durch Hollywood-Produktionen und auch dem Unwissen, aber auch Falschwissen über dieses Fachgebiet, dazu führen, dass es diesen optimistischen Verlauf der KI-Forschung gibt. Zwar machen sich einige Entwickler weiterhin Gedanken über das Bewusstsein, je-

---

[61] Vgl. Günther, G. (1953). Can Mechanical Brains have Consciousness? URL: https://www.vordenker.de/gunther_web/mechbrain.htm.

[62] Vgl. Ebd

[63] Kronthaler, E. (2014). Anmerkungen zu „Das Bewusstsein der Maschinen" und zu seinem Autor. URL: https://www.vordenker.de/ggphilosophy/ek_das-bewusstsein-der-maschinen.pdf.

doch wirkt es im Allgemeinen so, dass das primäre Ziel eher ein ökonomisches ist. Trotzdem bleibt bei vielen Menschen die Angst vor der KI – der allwissenden und lernenden Maschine, die die Menschheit übernehmen wird. Überall wird die Strong-AI vorgestellt und dahin entwickelt, aber nicht wirklich umgesetzt.

Ein möglicher Weg um Künstliche Intelligenz zu realisieren, ist das Machine Learning. Dabei ist Machine Learning ein Sammelbegriff für eine Vielzahl von Algorithmen, die man einer der drei Hauptkategorien Supervised Learning, Unsupervised Learning und Reinforcement Learning zuordnen kann. Machine Learning ist eine Kategorie von Algorithmen, die Daten interpretieren und aus diesen Daten lernt. Die erlernten Informationen werden dann angewendet, um informierte und genaue Entscheidungen zu treffen. Dabei ist es ein progressiver Lernprozess, es führt eine Funktion aus und je mehr Daten und Eingaben es erhält, desto intelligenter und besser wird seine Funktion. Machine Learning wird bereits in vielen technologischen Bereichen eingesetzt – bei Suchmaschinen, in der Verarbeitung natürlicher Sprachen, bei der Personalisierung im Marketing oder als Empfehlungsalgorithmus bei Streaming-Dienstleistern. Zudem ist es ein elementarer Bestandteil von neuen Innovationen, wie z.B. von selbstfahrenden Autos. Während Künstliche Intelligenz und Machine Learning in den Medien oft Synonym verwendet werden und austauschbar scheinen, ist es streng genommen Machine Learning ein Teilgebiet der Künstlichen Intelligenz. So wie sich die Organisatoren, Teilnehmer der Dartmouth Conference und KI-Optimisten die Künstliche Intelligenz vorgestellt haben, ist es nicht gekommen, aber sie nimmt in der Technologie vor allem mit dem Machine Learning einen relevanten Teil ein und wird auch zukünftig noch stärker in das öffentliche Leben integriert werden.

Gotthard Günther starb 1984 in Hamburg und hinterließ ein großes, aber auch unvollständiges und unvollendetes Werk. Dadurch, dass Günther in vielen Bereichen und Strömungen arbeitete und nie einer wirklich angehörte, führte es dazu, dass kaum jemand von ihm und seinen Ideen Kenntnis genommen hat. Es bräuchte Menschen, die in Günthers Ideen eine Ordnung bringen und sie versuchen auch umzusetzen. Letztendlich war Günthers Ausblick auch eine treffende Prognose: Sollte es keine Forschung und Erkenntnisse in den Bereichen Strong-AI und Bewusstsein geben, werden wir auch zukünftig nur *wodden horses* haben.

I. Literaturverzeichnis

Abebooks.de. o.J. Die Ära der Pulp-Magazine. URL: https://www.abebooks.-de/blog/index.php/2014/08/27/die-ara-der-pulp-magazine/. Zuletzt abgerufen: 19.03.2020.

Borchers, D. 2006. 50 Jahre Künstliche Intelligenz. URL: https://www.heise.de/newsticker/meldung/50-Jahre-Kuenstliche-Intelligenz-141200.html. Zuletzt angerufen: 19.03.2020.

Bierter, W. 2018. Wir sollten uns über die KI Gedanken machen… – eine Replik auf Christian Schulmeyers Blogbeitrag. URL: https://www.philosophie.ch/artikel/2018/wir-sollten-uns-ueber-die-ki-gedanken-machen-eine-replik-auf-christian-schulmeyers-blogbeitrag. Zuletzt abgerufen: 19.03.2020.

Bülow, R. 2014. „Künstliche Intelligenz": Wie der Geist in die Maschine kommt. URL: https://www.focus.de/wissen/experten/buelow/wie-der-geist-in-die-maschine-kommt-die-geheimen-formeln-fuer-kuenstliche-intelligenz_id_3914861.html. Zuletzt abgerufen: 19.03.2020.

Castella, J. 2007. Gotthard Günther. Leben und Werk. URL: https://www.vordenker.de/pkl/jc_gg-leben-und-werk.pdf. Zuletzt abgerufen: 19.03.2020.

Cole, D. 2020. The Chinese Room Argument. URL: https://plato.stanford.edu/entries/chinese-room/#3. Zuletzt abgerufen: 19.03.2020.

Frankenfield, J. 2019. Strong AI. URL: https://www.investopedia.com/terms/s/strong-ai.asp. Zuletzt abgerufen: 19.03.2020.

Günther, G. 1953. Can Mechanical Brains have Consciousness? URL: https://www.vordenker.de/gunther_web/mechbrain.htm. Zuletzt abgerufen: 19.03.2020.

Günther, G. 1963. Das Bewusstsein der Maschinen – Eine Metaphysik der Kybernetik. URL: http://www.vordenker.de/ggphilosophy/gg_bewusstsein-der-maschinen.pdf. Zuletzt abgerufen am 10.03.2020.

Günther, G. Soul of a Robot. URL: https://www.vordenker.de/gunther_web/soul_of_a_robot.htm. Zuletzt abgerufen: 19.03.2020.

Günther, G. 1954. Achilles, die Schildkröte. URL: https://www.vordenker.de/gunther_web/achilles-schildkroete.pdf. Zuletzt abgerufen: 19.03.2020.

Günther, G. 1959. Aristotelian and Non-Aristotelian Logic. URL: https://www.vordenker.de/gunther_web/aristotelian.htm. Zuletzt abgerufen: 19.03.2020.

Günther, G. 1959. The Thought Translator. URL: https://www.vordenker.de/ gunther_web/thought_translator.htm. Zuletzt abgerufen: 19.03.2020.

Günther, G. 1952. Die zweite Maschine. URL: https://www.vordenker.de/ggphi- losophy/gg_zweite-maschine.pdf. Zuletzt abgerufen: 19.03.2020.

Huemer, W. Unsterblich?! Gute Gründe für ein Leben nach dem Tod. Komplett- Media, 2015.

Informatik.Uni-Oldenburg. Schwache und Starke KI. URL: http://www.infor- matik.uni-oldenburg.de/~iug08/ki/Grundlagen_Starke_KI_vs._Schwa- che_KI.html. Zuletzt abgerufen: 19.03.2020.

Jaai. 2018. Starke KI, Schwache KI – Was kann künstliche Intelligenz? URL: https://jaai.de/starke-ki-schwache-ki-was-kann-kuenstliche-intelligenz-261/. Zuletzt abgerufen: 19.03.2020.

Käther, M. o.J. Die Pulp Magazine. Amerika im Bann der Kurzgeschichte. URL: https://www.zauberspiegel-online.de/index.php/durchblick-hintergrnde-main- menu-15/druck-und-buch-mainmenu-295/28108-die-pulp-magazines-amerika- im-bann-der-kurzgeschichte-4-sind-pulps-schund. Zuletzt abgerufen: 19.03.2020.

Kaehr, R., Mahler, T. 1998. Die komplette Bibliographie Gotthard Günthers. URL: http://www.vordenker.de/ggphilosophy/gg_bibliographie.htm. Zuletzt ab- gerufen: 19.03.2020.

Kaplan, J. Künstliche Intelligenz: Eine Einführung. mitp Verlags GmbH & Co. KG; Auflage: 1, 2017.

Koch, C. 2019. Was ist Bewusstsein? URL: https://www.spektrum.de/magazin/ kognition-was-ist-bewusstsein/1678236. Zuletzt abgerufen: 19.03.2020.

Konrad, E. Zur Geschichte der Künstlichen Intelligenz in der Bundesrepublik Deutschland. Springer, 1998.

Kronthaler, E. 2014. Anmerkungen zu „Das Bewusstsein der Maschinen" und zu seinem Autor. URL: https://www.vordenker.de/ggphilosophy/ek_das-be- wusstsein-der-maschinen.pdf. Zuletzt abgerufen: 19.03.2020.

Kühl, E. 2014. Ein Trickser namens Eugene Goostman. URL: https://ww- w.zeit.de/wissen/2014-06/kuenstliche-intelligenz-turing-test. Zuletzt abgerufen: 19.03.2020.

McCarthy, J. et al. (1955). A Proposal for the Dartmouth Summer Research Project on Artificial Intelligence. URL: https://web.archive.org/web/

20080930164306/http://www-formal.stanford.edu/jmc/history/dartmouth/ dartmouth.html.

930164306/http://www-formal.stanford.edu/jmc/history/dartmouth/dartmouth.html. Zuletzt abgerufen: 19.03.2020.

Nationale Strategie für Künstliche Intelligenz. 2018. Strategie Künstliche Intelligenz der Bundesregierung. URL: https://www.bmbf.de/files/Nationale_KI-Strategie.pdf. Zuletzt abgerufen: 19.03.2020.

o.H. Künstliche Intelligenz. Eine Kontroverse. URL: https://www.uibk.ac.at/psychologie/mitarbeiter/leidlmair/kuenstliche_intelligenz_seminar.pdf. Zuletzt abgerufen: 19.03.2020.

Paul, J. o.J. Gotthard Günther, der Einstein der Philosophie. URL: https://www.vordenker.de/ggphilosophy/ggeinstein_d.htm. Zuletzt abgerufen: 19.03.2020.

Roth, G. o.J. Bewußtsein. URL: https://www.spektrum.de/lexikon/neurowissenschaft/bewusstsein/1446. Zuletzt abgerufen: 19.03.2020.

Rojas, R. Theorie der neuronalen Netze: Eine systematische Einführung. Springer, 1993.

Searle, J.R. 1980. Minds, brains, and programs. Behavioral and Brain Sciences. URL: https://www.law.upenn.edu/live/files/3413-searle-j-minds-brains-and-programs-1980pdf. Zuletzt abgerufen: 19.03.2020.

The Pulp Magazine Archive. o.J. URL: https://archive.org/details/pulpmagazinearchive. Zuletzt abgerufen: 19.03.2020.

Turing, A. 1950. Computing Machinery and Intelligence. URL: https://www.csee.umbc.edu/courses/471/papers/turing.pdf. Zuletzt abgerufen: 19.03.2020.

Zeit online. 2014. Computerprogramm gaukelt erfolgreich Menschsein vor. URL: https://www.zeit.de/wissen/2014-06/kuenstliche-intelligenz-turing-test. Zuletzt abgerufen: 19.03.2020.